Karin Arndt/Milada Krautmann

Das will ich wissen
Meine Haustiere

Karin Arndt
hat seit den Siebzigerjahren mehr als drei Dutzend Kinder- und
Jugendsachbücher verfasst, die weltweit übersetzt wurden.
Sie lebt mit ihrer Familie als freie Autorin in Berlin und auf dem Land.

Milada Krautmann
hat ihre künstlerische Ausbildung an der Kunstgewerbehochschule in Prag
sowie in Brüssel und Paris erhalten. Sie arbeitet in den verschiedensten
Techniken. Der größte Anteil ihrer Illustrationen ist Naturthemen gewidmet. Sie
ist für zahlreiche Verlage tätig, vorwiegend im Kinder- und Jugendbuchbereich.
In der Reihe »Das will ich wissen« illustrierte sie bereits die Bände »Katzen«,
»Wale und Delfine«, »Sterne und Planeten«, »Haie und Raubfische«
und »Vulkane und Erdbeben«.

Karin Arndt

Das will ich wissen
Meine Haustiere

Mit Bildern von Milada Krautmann

Arena

In neuer Rechtschreibung

1. Auflage 2002
© Arena Verlag, Würzburg 2002
Alle Rechte vorbehalten
Einband und Innenillustrationen: Milada Krautmann
Gesamtherstellung: Westermann Druck GmbH, Braunschweig
ISBN 3-401-05401-5

Inhalt

Ein Klub für Tiere Geschichte	6
Galerie der Haustiere ausklappbarer Bildteil	14
Ein kleiner Hund für Lea	20
Leben mit dem Hund	23
Die Sprache der Hunde	27
Die wunderbare Hundenase	30
Die Vorfahren der Hunde	31
Die Katzenmutter	32
Das braucht die Katze	33
Das Meerschweinchen	37
Das Zwergkaninchen	41
Der Goldhamster	45
Der Wellensittich	47
Glossar	48

Ein Klub für Tiere

„Matti wünscht sich ein Kamel zum Geburtstag."
„So ein Quatsch! Das kriegt er doch nie",
sagt Lea zu Tim. Beide sitzen im Garten.
Matti ist ein Jahr älter als seine beiden Freunde.
Lea und Tim haben schon oft über seine
witzigen Ideen gelacht. Aber das geht zu weit.
„Ein Kamel? – Das geht doch niemals in sein
Zimmer!" Lea ist wütend: „Matti macht uns alles
kaputt. Wozu haben wir denn unseren Tierklub
gegründet?"

„Stimmt. Wir wollen jeder ein Tier haben…"
„Genau – aber ein Tier, das zu uns passt!"
„Iiiiiaaaa! Iiiiiaaaaaa!"
Ein tierischer Schrei kommt aus dem Gebüsch. Mit einem riesigen Satz springt Matti auf die Wiese.
„Das mit dem Kamel ist doch von gestern. Jetzt wünsche ich mir einen Esel!", jubelt Matti.
Lea wird noch wütender.
„Wir haben unseren Tierklub gegründet, damit wir zusammen herausfinden, welches Tier zu wem passt. Damit wir gemeinsam lernen, was ein Tier alles braucht. Wenn du dir einen Esel wünschst, dann bist du selber einer."
„Stimmt!", findet Tim.
„Du wohnst im vierten Stock. Was willst du dann mit einem Esel?"

Matti grinst. „Also, das Ding läuft so: Ihr wisst doch, dass meine Eltern kein Tier in der Wohnung haben wollen. Wenn ich mir nun ein Kamel wünsche, sagen meine Eltern ‚Nein'. Bescheiden und sehr traurig wünsche ich mir dann einen Esel. Sie sagen wieder ‚Nein'. Dann bin ich noch trauriger und nerve sie mit einem Wolfshund. Die Tiere werden eben immer kleiner."

„Matti! Was willst du denn nun wirklich?", fragt Tim.

„Na, einen Wellensittich."

Plötzlich versteht Lea die umständliche Geschichte.

Bei ihr zu Hause ist alles einfach. Sie wohnt in einem kleinen Haus mit Garten. Bald wird sie ins Tierheim gehen und einen kleinen Hund aussuchen.

Aber was könnte Matti für ein Tier im vierten Stock halten? Lea tut es Leid, dass sie so böse auf Matti war.

„Matti, ich habe keine Ahnung von Wellensittichen. Was sind das für Tiere?"

"Also, Wellensittiche sind toll gesellige Vögel. Die können sprechen und werden ganz zahm."
Lea ist begeistert: „Du kannst den Wellensittich bestimmt prima trainieren!"
„Klar werde ich den trainieren. Aber ich will auch züchten, mit einem Pärchen! Meine Omi schenkt mir ihre alte Voliere, da haben die Vögel Platz."
„Eine Wolljähre?", fragt Tim. „Was is'n das?"
„Na ein riesiger Drahtkäfig, so groß wie ein Zimmer, da können die Sittiche fetzig fliegen."

„Also klasse!" Lea freut sich, dass Matti so eine tolle Idee hat.
„Dann drehe ich mit meinem Vater einen Videofilm: wie die Küken aus den Eiern schlüpfen, wie sie allmählich Federn kriegen und so weiter."
„Und den zeigen wir dann im Klub und laden alle ein!"
„He – und du Tim, was ist mit dir?"
Tim druckst ein bisschen herum. Das sollte eigentlich eine Überraschung werden für die Klubmitglieder.

Aber Lea drängelt: „Weißt du schon, was du willst?"

„Hm, ich hab schon, was ich will. Schon seit gestern."

„Tim, was ist es??"

„Zwei Meerschweinchen. Und einen tollen Käfig mit Häuschen."

„Die schauen wir uns gleich an", meint Matti.

„Nee, das geht nicht. Die verstecken sich noch in ihrem Häuschen."

„Wieso denn das?", fragt Lea.

„Meerschweinchen sind sehr scheu.
Die brauchen ein paar Tage, bis sie sich an ihre
neue Umgebung gewöhnen."
Matti holt einen Apfel aus seinem Rucksack.
„Hier, für deine kleinen Nager. Zum Fressen
kannst du sie bestimmt rauslocken."
„Tschüss!", ruft Matti und springt
über die Büsche.
„Vielleicht wünsche
ich mir heute Abend
einen Adler!"
„Da werden sich deine
Eltern aber freuen,
dass es kein Kamel ist",
sagt Tim und lacht.

Ein kleiner Hund für Lea

„Was möchtest du denn für einen Hund?"
Immer wieder wird Lea gefragt und sie kann
sich nicht entscheiden. Einen Bernhardiner?
Der ist so kuschelig und gemütlich. Oder einen
Windhund? Mit dem könnte sie um die Wette
rennen. Oder einen Labrador? Der kann so toll
schwimmen.

Aber eigentlich möchte Lea keinen bestimmten Rassehund, sondern nur einen lieben Freund. Einen, mit dem sie spielen kann. Ein Freund, der immer zu ihr hält und der nur ihr gehört. Eine Woche später fährt Lea mit ihren Eltern ins Tierheim. Direkt neben ihrem Auto parkt ein Polizeiauto. Lea steigt aus. In dem Moment geht auch die Tür des Polizeiautos auf.
Ein puscheliges hellbraunes Tierchen mit vier dicken Pfoten fällt heraus. Es ist ein kleiner Hund, höchstens drei Monate alt. Er fällt direkt vor Leas Füße. Sie nimmt ihn sofort auf den Arm. Ängstlich drückt der Kleine seine Schnauze in Leas Pullover.
„Den will ich! Den gebe ich nicht mehr her! Oh – ich habe einen Hund."

„So schnell geht es nicht, junge Dame!",
sagt der Polizist.
„Da müssen wir noch ein paar Formalitäten
erledigen!"
Leas Eltern lachen. „So ein Zufall!",
ruft die Mutter. „Nun hast du nicht mehr die
Qual der Wahl."
Der Polizist, die Eltern und Lea gehen mit dem
Hund in das Büro des Tierheims. Dort füllen
ihre Eltern einen Fragebogen aus und geben
noch eine Spende für das Tierheim.
Jetzt darf Lea den Hund mit
nach Hause nehmen.
„Na dann viel Glück!",
ruft der Polizist ihr nach.

Leben mit dem Hund

Das braucht dein Hund

- Einen eigenen Platz. Einen Korb würde der Welpe zerbeißen. Er bekommt eine Kiste, in die er selbst einsteigen kann. Darin liegt eine Decke mit einem waschbaren Stoffbezug. Mit einem halben Jahr bekommt der junge Hund seinen Korb.
- Der Korb steht an einem Platz, von dem aus der Hund seine Familie immer gut beobachten kann.
- Einen Napf für das Futter, einen Napf für das Wasser
- Ein Leder- oder Textilhalsband, eine Leine
- Bürste, Kamm und Striegel für die Fellpflege
- Einen passenden Maulkorb für große Hunde
- Einen Ball und ein Quietschtier zum Spielen und für den Welpen einen alten Schuh zum Zerbeißen

Das Futter für den Hund

🥣 Fleisch, roh oder gekocht, mit Futterflocken und Brühe gemischt

🥣 Fertigfutter (Alleinfutter) aus der Dose

🥣 Der Trinknapf ist immer mit frischem Wasser gefüllt.

🥣 Schokolade, Bratkartoffeln, salzige Essensreste sind kein Hundefutter.

🥣 Nur ein- bis zweimal wöchentlich einen Knochen, bei zu vielen Knochen bekommt ein Hund Verstopfung.

Welpen fressen dreimal am Tag, Junghunde zweimal. Bei erwachsenen Hunden genügt eine Mahlzeit. Ein alter Hund braucht kleinere Portionen auf zwei Mahlzeiten verteilt. Hunde sollten jeden Tag zur gleichen Zeit gefüttert werden.

Das mag dein Hund

- Wenn du deinem Hund regelmäßig und sanft das Fell bürstest. Die Bürste darf nicht kratzen.
- Wenn du im Winter seine Fußballen dick einfettest, damit das Streusalz von der Straße nicht brennt
- Wenn er selten gebadet wird
- Wenn seine Krallen zu lang sind, sollten sie vom Tierarzt geschnitten werden.

Die Erziehung

Es ist sehr wichtig, einen Hund gut zu erziehen. Bei der Erziehung muss man sehr geduldig sein und darf den Hund nicht oft schlagen oder anschreien. Man muss ihm aber klare Befehle geben und ihn ab und zu in die Schranken weisen. Dann wird er zu einem treuen Gefährten.

Grundregeln:

Ein Hund muss auf einige Befehle reagieren:

- „Platz!", „Sitz!", „Komm!", „Bei Fuß!" sind wichtig.
- Außerdem muss er auf seinen Namen hören und Befehlen wie „Aus!" oder „Pfui!" gehorchen.
- Der Welpe sollte bald stubenrein werden. Außerdem muss man ihn beim Spazierengehen an eine Leine gewöhnen.

Die Sprache der Hunde

Wenn wir mit Hunden leben, müssen wir auch lernen ihre „Sprache" zu verstehen.
Wichtige Signale gibt der Hund mit seinem Schwanz:

Schnelle Schläge hin und her: „Ich freue mich sehr!"

Herabhängend: „Alles recht langweilig heute."

"Komm spiel mit mir!", sagt der Hund, wenn er mit seinen Vorderbeinen zu Boden rutscht, sein Hinterteil hochreckt und ruhig mit dem Schwanz hin- und herwedelt.

Sein Schwanz ist auch sein Steuerruder. Wenn er den Berg hinunterrast, balanciert er damit seinen Körper.

Hocherhoben mit lebhafter Bewegung:
„Sehr interessante Spur entdeckt!"

Die Ohren sind flach am Kopf angelegt, locker und entspannt sitzt der Hund mit halb geöffnetem Fang. Sein Schwanz liegt gelassen am Körper.
Damit sagt er: „Du kannst mich streicheln. Ich fühle mich wohl!"
Das gilt aber nur für deinen Hund, auf keinen Fall sollte man fremde Hunde streicheln.

Die wunderbare Hundenase

Ein Hund kann eine Million Mal besser riechen als der Mensch.
Vielleicht hast du schon einmal bemerkt, dass ein Hund plötzlich freudig mit dem Schwanz wedelt, wenn er an einer bestimmten Stelle schnüffelt? Dann riecht er vielleicht seine Hundefreundin, die dort vorher ihr Pfützchen gesetzt hat.
Für uns Menschen riecht jeder Hund einfach nur nach Hund. Aber für Hunde hat jeder Mensch, wirklich jeder Mensch einen anderen Geruch. Und diesen Geruch merkt sich der Hund für immer. Mit seiner wunderbaren Nase erkennt ein Hund Menschen und Tiere noch nach vielen Jahren.

Die Vorfahren der Hunde

Der Ururururopa vom Hund ist der Wolf.
Es gibt mehr als 360 verschiedene
Hunderassen. Sie stammen alle vom Wolf ab.
Die Menschen zogen vor langer, langer Zeit
noch als Jäger und Sammler umher. Von ihnen
holten sich die Wölfe Fleischabfälle, die von
der Jagd übrig blieben. Wahrscheinlich haben
die Kinder damals die Wolfswelpen gezähmt.
Dann wurden die Menschen sesshaft.
Die Hunde bewachten ihre Tierherden vor den
wilden Wölfen – ihren Vorfahren. Der Hund ist
unser ältestes Haustier.

Die Katzenmutter

Tanjas Katze hat Junge bekommen. Die drei Kätzchen sind winzig, blind und haben rosa Öhrchen. Tapsig drängeln sie sich an die Zitzen ihrer Mutter und hängen sich saugend an ihr fest. Zufrieden liegt die Katzenmutter in ihrem Korb. Manchmal hebt sie ihren Kopf und leckt über den Rücken der Kleinen.

Das braucht die Katze

Das Katzenfutter

- Ab der vierten Woche schlappern kleine Kätzchen ein bisschen Kondensmilch, gut verdünnt mit warmem Wasser.

- Ab der sechsten Woche gibt es kleine Fleischportionen, Fertigfutter aus der Dose oder fein durchgedrehtes Hackfleisch.

- Am Futterplatz steht immer eine Schale mit frischem Wasser.

- Trockenfutter ist gut für die kleine Mahlzeit zwischendurch. Es stärkt und reinigt das Katzengebiss.

Am liebsten nimmt die Katze ihr Futter in kleinen Mäuschenportionen – über den Tag verteilt. Nach jedem Fressen putzt sie sich, ruht sich aus oder untersucht schnüffelnd die Wiese im Garten.

Gras für den Magen

Jede Katze braucht Gras. Wenn sie sich putzt, verschluckt sie Haare. Die ballen sich im Magen zu unverdaulichen Klümpchen. Diese Klümpchen kann die Katze nur mit Gras wieder herauswürgen.

Das Katzenklo

Kleine Katzen lernen schon von ihrer Mutter, wie sie ihr Häufchen in die Katzenstreu setzen. Es ist also nicht schwierig, ein Kätzchen stubenrein zu bekommen. Die Klümpchen sollten jeden Morgen entsorgt werden.

Der Kratzbaum

Kratzer am Tisch, am Ledersessel oder auf dem Fensterbrett zeigen dir, dass der Katze etwas fehlt: Sie kann ihre Krallen nicht an einem Kratzbaum wetzen. Ein dicker Ast aus dem Wald oder ein Holzpfosten aus dem Baumarkt schont die Möbel. Mit einem Brettchen obendrauf hat die Katze einen schönen Aussichtsturm.

Das Schmusekätzchen

Katzen lassen sich gern streicheln. Stundenlang können sie an einem warmen Platz, auf dem Schoß oder im Sessel liegen und schnurren. Der Katze geht es gut, wenn sie sich ihre Zeit selbst einteilen kann.

Katzen sind sehr empfindlich und mögen keine laute Musik, schreiende Stimmen und klirrende Geräusche.

Meerschweinchen schwimmen nicht im Meer

Warum die Meerschweinchen Meerschweinchen heißen, weiß keiner so genau. Vielleicht, weil sie von der Familie der Meerschweinartigen aus Südamerika stammen und einst über das Meer zu uns kamen.
Als Tim die beiden Meerschweinchen Susi und Fritz von Tante Klara abholte, waren sie schon zwei Jahre alt und sehr zutraulich. Tante Klara hat sich viel mit ihnen beschäftigt.

Wenn Susi und Fritz müde sind, dürfen sie sich in ihr dunkles Häuschen in ihrem großen Gitterkäfig zurückziehen.

Nach einiger Zeit haben sie sich auch an Tim gewöhnt. Jetzt lassen sie sich, ohne zu strampeln, aus dem Käfig nehmen. Mit der linken Hand greift er unter den Bauch. Mit der rechten Hand stützt er den kleinen Körper am Hinterteil ab. Die feinen Knochen sind nämlich sehr empfindlich.

Der richtige Käfig

Ein Käfig für zwei Tiere sollte mindestens 100 x 60 cm groß sein und Gitterstäbe haben. Die Bodenwanne sollte 12 bis 15 cm hoch sein, damit beim Scharren die Einstreu nicht herausfliegt.

Der Futterplatz muss immer an derselben Stelle stehen. Der Napf sollte aus Steingut sein, weil sich die Meerschweinchen beim Fressen auf den Rand stellen und der Inhalt sonst herauskippt. Sie lieben es übrigens, aus einem Napf zu fressen.

An den Gitterstäben sollten zwei kleine Raufen hängen: eine für das Grünfutter und eine für das Heu. Die Raufen dürfen nicht zu niedrig hängen, damit die Meerschweinchen sich nicht hineinlegen; aber auch nicht zu hoch, damit sie das Futter bequem herauszupfen können. Das Futter und auch die kleine Wasserflasche sollten immer an derselben Stelle hängen.

Mit Meerschweinchen spielen

- Meerschweinchen sitzen gern auf dem Schoß und lassen sich stundenlang streicheln.

- Sie haben ein sehr feines Gehör und erschrecken bei lauter Musik, bei heftigem Klappern und Geschrei.

- Ein Meerschweinchen darf mit anderen Tieren nicht allein gelassen werden. Wenn es herumhoppelt, könnten Hund oder Katze das kleine Tierchen für eine Maus halten und zuschnappen.

- Wenn du nach Hause kommst und immer die gleiche Melodie singst oder pfeifst, erkennt dich dein Meerschweinchen. Es antwortet mit fröhlichem Pfeifen.

Zwergkaninchen – die wilden kleinen Plüschtiere

Zwergkaninchen haben Knopfaugen und ein seidiges Fell in vielen verschiedenen Farben. Ein Zwergkaninchen kann rasend schnell durch die Wohnung rennen und hoch in die Luft springen. Zirkusreif schlägt es beim Springen Haken. Es knabbert alles an und kann gut riechen und hören. Es freut sich sehr, wenn es auf den Schoß genommen wird.

Zwergkaninchen machen gern Urlaub im Freien. Ein kleines Gittergehege im Sommer auf die Wiese gestellt, ist eine feine Sache. Da können sie frisches Gras und Kräuter knabbern. Am schönsten ist ein halbschattiger Platz unter einem Baum.

Beim Zwergkaninchen wachsen die Zähne ständig nach. Wenn sie zu lang sind, behindern sie das Kaninchen beim Fressen. Mit dem richtigen Futter nutzen sich seine Zähne von ganz allein ab. Manchmal helfen dabei eine Brotrinde oder ein paar Zweige im Käfig.

Die richtige Ernährung

Die Heuraufe im Käfig muss immer gut und locker gefüllt sein mit feinem Heu aus Kräutern, Blumen, Blättern und Blüten. Heu aus altem geblichem Gras oder gar vermodertes Grünzeug ist nichts für den feinen Magen. In der Stadt bekommt das Kaninchen Alpenwiesenheu aus dem Zoofachgeschäft. Dort gibt es auch das Alleinfutter für Kaninchen zu kaufen. Es sind meistens Pellets aus Grünfutter mit Trockengemüse und Vitaminen.

Wer sein Taschengeld sparen möchte, sucht sich eine gute Wiese und sammelt die Futterpflanzen für seinen Liebling selbst.

Lieblingsspeisen des Kaninchens

Löwenzahn, junge Grashalme, Bärenklau, Spitz- und
Breitwegerich, Huflattich und die jungen Blätter
der Waldhimbeere, der Brombeere und der Walderdbeere

Zum Naschen sind zwei bis drei Früchte erlaubt.
Junge Schafgarbe, Brennnesseln und Kamille gehören
auch zum Futter.

Außerdem mag es Möhren, Kohlrabi mit Blättern,
Spinat, Feldsalat, junge Maiskolben, Fenchel,
Stangensellerie, Petersilie, Dill, Liebstöckel
und Bohnenkraut.

Ab und zu ein Apfel, manchmal auch eine
Birne und dein Kaninchen bleibt gesund.

Der goldige Goldhamster

Iliane geht auf eine Ganztagsschule und hat lange überlegt, welches Tier am besten zu ihr passt. Der Tierarzt hat ihr erzählt, dass Goldhamster nachts munter sind und tagsüber schlafen. Deshalb hat sie sich für Mümmel, den Goldhamster, entschieden. Nach dem Abendbrot wird Mümmel wach. Er putzt sich. Mit seinen Pfötchen fährt er an der Zunge entlang, streicht sich über die kleine Schnauze, dann über den ganzen Kopf.

Wenn er seinen Bauch putzt, fällt er manchmal um.

Iliane bemüht sich dann nicht laut zu lachen. Das könnte den kleinen Kerl erschrecken.

Danach ist Flitzestunde angesagt. Mümmel rast durch Ilianes Zimmer.

Manchmal verschwindet er und will nicht aus seinem Versteck herauskommen. Dann lockt ihn Iliane mit einer Spur von ausgelegten Sonnenblumenkernen wieder in den Käfig.

Das hilft immer.

Wellensittiche

Matti hat seit einigen Tagen seine Vogelvoliere aufgebaut.
Das Wellensittich-Pärchen, Berta und Bartos, hüpft nun vorsichtig durch die grünen Zweige aus dem Stadtpark. Wellensittiche sind dafür berühmt, dass sie sich schnell eingewöhnen und in jeder Situation quietschfidel sein können.
Berta und Bartos kennen sich von klein auf. Sie fressen zusammen, gehen zusammen an die Tränke, suchen das versteckte Futter zwischen den Zweigen und schaukeln zusammen auf dem Getreidering.
Drei Wochen später hat Berta vier kleine Eier gelegt. Das war ganz schön anstrengend für sie. Aber alles ging gut. 18 Tage lang wird sie nun in ihrem Brutkasten hocken bleiben und Bartos wird sie füttern.

Glossar

Kleintiere: alle im Haus gehaltenen Tiere

Nager: Ein Nagetier ist ein Pflanzen fressendes Säugetier mit Nagezähnen, die ständig nachwachsen.

Pellets: getrocknetes und gepresstes Grünfutter

Rasse: bestimmte Tierarten, die sich durch Eigenschaften und Aussehen klar unterscheiden, aber derselben „Familie" angehören

Raufe: Futterkrippe

Welpe: Hundebaby